Schwei

so sind wir's geworden

Kleine Dorfgeschichte
nach und mit Berichten des Pastors Diedrich Konrad Muhle aus dem
19. Jahrhundert,
für heutige Leser zusammengestellt von Gerhard Roos, Pfr.i.R.

Impressum

© 2021 Gerhard Roos
Herstellung und Verlag:
BoD – Books on Demand, Norderstedt

ISBN: 978-3-7568-4437-1

Inhalt

Umschlagbild: Teil einer Zeichnung eines Unbekannten, in einem Schweier Chronikbuch verwahrt.
Zeichnungen im Innenteil: auch von Unbekannten gefertigt, heute in Privatbesitz.

Vorwort

Die Gemeindepfarrerinnen und -pfarrer der Gegenwart sind oft gehetzte Menschen. Die jeweilige Zusammenführung mehrerer Pfarrstellen verändert nicht die geistliche Person sondern die Breite der Aufgaben. Vorbereitungen für die Sonntags-, Tauf-, Trauungs- und Beerdigungspredigten wie auch den Unterricht werden immer einmal wieder unter Zeitdruck erledigt, fast zwischen Tür und Angel. Die Zahl der Hausbesuche schrumpft immer mehr zusammen. Ohne ehrenamtliche Helfer, die auf zahlreichen Ebenen geistlicher Betreuung tätig sind, ginge Vieles überhaupt nicht mehr. Die Erwartungen der Gemeindeglieder werden zudem keinesfalls bescheidener, es mehren sich eher die kritischen Stimmen. Manche sind leider auch unfair.

Ein Pfarrer im Ruhestand namens Klaus-Dieter Härtel hat seinen Erinnerungsfrust in eine bittere, sarkastische „Beschreibung" unseres Berufsstandes umgesetzt. Titel: *„Der perfekte Pfarrer."* Er schreibt: *„Der perfekte Pfarrer predigt genau 10 Minuten. Er verdammt die Sünde rundum, tut dabei aber niemandem weh. Er arbeitet von acht Uhr morgens bis Mitternacht, und das sieben Tage in der Woche.*

Der perfekte Pfarrer hat stets für alle seine Gemeindeglieder Zeit, nur für sich selbst und seine Familie braucht er keine.

Der perfekte Pfarrer gibt gute Ratschläge, aber er kritisiert nichts und niemanden. Er ist 29 Jahre alt, aber mindestens 49 an Erfahrung. Er hat ein brennendes Verlangen, mit Teenagern zusammen zu arbeiten. Er verbringt die meiste Zeit mit älteren Menschen.

Der perfekte Pfarrer lächelt ständig mit einem ernsten Gesicht, denn er hat einen gut entwickelten Sinn für Humor, der durch nichts erschüttert werden kann. Eigene Sorgen und Probleme kennt er nicht. Er macht täglich ein Dutzend Hausbesuche und ist immer in seinem Büro erreichbar, für jeden, der ihn gerade braucht.

Der perfekte Pfarrer hat immer Zeit für den Kirchenvorstand und seine Probleme. Er besucht viele Tagungen zu seiner Weiterbildung, ist aber immer zu Hause. Er interessiert sich für alle Vereine und Organisationen am Ort, stimmt mit der politischen Meinung jedes seiner Gemeindeglieder überein und ist regelmäßig in jedem Gemeindekreis, bei jedem Geburtstag und in jedem Krankenzimmer anwesend. Er selbst ist niemals krank.

Der perfekte Pfarrer hat immer gute Ideen für alle Gelegenheiten. Er weiß alles, er kennt alles, er macht alles, und er wird dabei niemals müde und hört niemals auf.

Der perfekte Pfarrer wohnt in der Nachbargemeinde."

Schon zu Zeiten meiner Großväter, beide Gemeindepfarrer, gab es die eine oder andere Erwartung der Gemeindeglieder, die schwer zu erfüllen war. Beide aber hatten, soweit ich das in der Rückschau beurteilen kann, außer während des 2. Weltkrieges keine Probleme mit der Organisation ihrer Zeit. Was ging, wurde gemacht, was nicht möglich war, unterblieb. Basta. Die Gemeindeglieder waren es letztlich zufrieden und überließen den Geistlichen die Einschätzung, was wichtig wäre und was nicht.

Aber so viel Zeit, wie sie ein einstiger Schweier Pastor in der Mitte des 19. Jahrhunderts offenbar verfügbar hatte, eine eintausend (!) Seiten umfassende *„Chronik des Kirchspiels Schwey, verfasst vom Pastor Muhle"* zu schreiben, hatten die beiden Herren in den Zwanzigern und Dreißigern des 20. Jahrhunderts auch schon nicht mehr. Im Folgenden will ich versuchen, einige besonders auffällige Notizen dieses Pfarrherren zusammenzustellen, damit auch heutige Generationen ihre Freude an seinem Werk haben können, ohne es völlig durcharbeiten zu müssen, ganz im Sinne seiner Widmung: ***„Der geliebten Schweyer Gemeine hochachtungs- und vertrauensvoll gewidmet von Ihrem Seelsorger D. K. Muhle".***

Bereits die ersten Seiten nach dieser Widmung sind es wert, mit aufgeschrieben zu werden, zeigen sie doch deutlich, wie sehr sich dieser Mann in Schwei verwurzelt gefühlt hat: *„Liebe Schweyer! Nicht bloß für die gegenwärtige Zeit, sondern auch für eine längst entschwundene Vergangenheit kann ich mich den Eurigen nennen; denn unter Euren Vorfahren lebten und wirkten gleichfalls die meinigen, und es ruhen ihre Gebeine auf unserem gemeinschaftlichen Friedhofe, wo hoffentlich auch ich einst unter Euch schlummern werde. Wen könnte ich daher in jeder Hinsicht näher finden, diese Chronik zuzueignen, als Euch, welche ein so mehrhaftes Band mit mir verknüpft! Darum war denn auch die Schaffung dieses Zeitbuches ein mir sehr angenehmes Werk, noch verschönert durch den Gedanken, daß Ihr es mit Liebe aufnehmet, und die Nachkommen es als ein Vermächtniß, rein an belehrendem und erfreuendem Inhalte, ansehen und bewahren werden. Sey* *es Euch nun ein Spiegel des Lebens, dessen vielseitiges Bild der Weise christlich zu benutzen versteht."* Und dieser Liebesbrief an seine Schweier ist mit seiner Unterschrift versehen.

Ich werde, soweit möglich, jeweils einige thematisch zusammen passende Teile seines „Zeitbuches" hintereinander stellen und möchte so ein Bild von unserer Dorfgeschichte schaffen, wie sie sich diesem Pastor in seiner Zeit dargestellt hat. Manches wissen wir heute natürlich besser.

Dass ich so locker und flink seine Texte lesen und niederschreiben kann, verdanken wir Interessierten alle der ehemaligen Schweier Lehrerin **Lotte Rohde-Hentschel**, die vor Jahren in einer beispiellosen Fleißarbeit Muhles gesamte Chronik aus dem alten „deutschen" Sütterlin-Schriftbild, das uns heute zunehmend schwer lesbar wird, Seite für Seite in die moderne „lateinische" Schreibweise übertragen hat, mit Bleistift in schöner und klarer Schrift, wie sie diese wohl einst zahlreichen Kindern an der Tafel vorgeschrieben hat. Dank auch an die heutigen Eigentümer dieser Kopie, dass ich dieses ihr behütetes Kleinod ausleihen und benutzen durfte.

Muhles Ziele und Quellen

In weitschweifigen Begründungen für sein Erstellen einer Chronik, die fast unangenehm auch den Charakter einer Selbstbeweihräucherung haben, erklärt Muhle als „Vorrede", wozu diese nützlich sein kann. Letztlich hätte er nur schreiben müssen: „Alle nachfolgenden Generationen der Einwohner von Schwei sollen lehrreich und spannend lesen können, was sich in früheren Zeiten zugetragen hat und bis in die Gegenwart nachwirkt." Er benötigt für diese Zielbeschreibung fünfzehn Seiten!

Immerhin wollte er in dieser Vorrede schon betonen, dass er gute und sichere Quellen benutzt habe: „Damit aber die lautere Wahrheit erforscht werde, so ist unsere Chronik hier aus Schriften, in welchen die Alten sprechen, dort aus Quellen geschöpft, die im Grunde des Bodens vor uns fließen, und welche sämtlich unten (...) verzeichnet werden sollen."

In einem eigenen Kapitel listet er dann auf, welche „Quellen und Hülfsmittel" er wirklich genutzt hat. Die **eine** Quelle ist „Das Locale. Es liegt vor uns das Moor, theils als cultiviertes Ackerland theils noch wild, mit Heide bewachsen. (...) Ebenso schließen wir von der Beschaffenheit des Marschbodens auf mehrere Regulationen, welche denselben in seinen jetzigen Zustand umwandelten. (...) Steinerne Inschriften reichen hier keine Hülfsmittel, als etwa die wenigen, welche man an der Kirche und hie und da an Häusern findet."

Die weit größere **andere** Gruppe umfasst zahlreiche Quellen: „Landesbeschreibung und Erdbücher (Kataster)" geben

Auskunft über die *„Hausleute"* (Besitzer) der *„Städe"* (Hofstätten), teils auch deren Familien- und Vermögensverhältnisse. *„Kammerconsense beschreiben den zunehmenden Anbau unkultivierter Gegenden und Städtebriefe bezeichnen das Verhältniß der eigenthümlichen Köther zu den Hausleuten, auf deren Bauen sie wohnen."* Mit dem Schweier *„Kirchenarchiv"* ist Muhle recht unzufrieden. Seine Vorgänger haben oft nicht einmal das Nötigste notiert, nur eben pflichtgemäß die Personenstandsdaten. Die entsprechenden *„Kirchenbücher"* wurden seit 1609 geführt, zusätzliche *„Listen der Copulierten, Geborenen und Verstorbenen"* seit 1791. Standesämter gab es noch nicht. Eigentlich hätte er doch ganz zufrieden sein können, denn ordentlich geführte *„Patrimonialbücher"*, die über Grundvermögen sowie alle Einnahmen und Ausgaben der Kirchengemeinde Auskunft geben, *„Seelen- und Familienregister"* einzelner Jahrgänge, wenn auch teilweise unvollständig, *„Stuhl- und Grabregister"*, *„Taxationslisten"*, *„Kirchen- Schul- und Armenrechnungen"*, *„Ehecontracte und Testamente"* und *„Oberliche Rescripte und Circulare"* der Oldenburgischen Herrschaft hatte Muhle verfügbar und hat sie sichtlich sorgfältig ausgeschlachtet, eben ein Mann mit viel, viel Zeit. *„Einen nicht unwichtigen Beytrag liefern die Oldenburgischen Staatskalender vom Jahre 1792-1794, worin die vormalige Vogtey Schwey beschrieben ist."* Muhle gesteht aber auch ein, dass er Manches letztlich nicht belegen kann, sondern weitergedacht und frei entwickelt hat. Wie des Dorfes *„gegenwärtiger Zustand in Hinsicht des Grundes und Bodens und der Ortschaften, seiner Einwohner und deren verschiedene Verhältnisse beschaffen, und wie zu ergänzen, was in Vorgefundenem nicht schicklich*

10

berührt werden konnte, auch wie fernerhin anzufügen ist, was die Zukunft wird gebracht haben, dieses alles ist die Grundlage unserer Kirchspielschronik." Diese Ergänzungen und Anfügungen sind also nur Vermutungen, aber durchaus kluge.

Entwicklung der Natur und Umwelt von Schwei

Muhle scheut sich nicht, weit hinter Belegbares zurückzugreifen. So beschreibt er unter der Rubrik „*Ältere Zeiten bis in's 15te Jahrhundert*" einen fast biblischen Urzustand: „*Vor Jahrtausenden, in einem Zeitraum, den nur die Gottheit zu messen vermag, stand alles jetzige Land unter Wasser.*" Er beschreibt, dass die Entwicklung fester Landteile, die sich meist höher als die Meere zu erheben begannen, Gebiete entstehen ließ, die dem Kampf von Land und Wasser ausgesetzt waren. Sie lagen tiefer als die Herkunft der Flüsse, so dass diese Sand, Erde und Samen heranführten und auf diese Weise allmählich aus toten Mooren lebendige Flächen werden ließen.

Diese waren zuerst von Menschen unberührt, vermutet er, und nur dem Wechsel der Zuflüsse aus dem Süden und durch die Gezeiten ausgesetzt. Bäume wuchsen und beschatteten den Boden dann derart, dass „*daher in dem Boden sich Säure erzeugte, in welche das verwelkende Laub und sonstige sterbende Pflanzen übergingen, und dadurch verursachten, dass keine Baumerde, sondern ein unfruchtbarer Boden entstand.*" Die Bäume seien dann aus Nahrungsmangel umgestürzt, wenn Nordweststürme tobten. „*Lagen sie offen, so verfaulten sie, waren sie in die Tiefe gesunken, so erhielten sie sich. Eine Folge davon war, dass das Moor sich immer mehr hob, ein Hochmoor wurde, und theils sich auch weiter ausdehnte.*"

Er kannte sich gut aus im und mit dem Moor, wusste, dass versunkene Bäume und Knubben in Windrichtung lagen, und dass das Moor aus verschiedenen Schichten besteht. Auch war ihm bekannt, dass unter den später entstandenen Kleiböden altes Moor zu finden ist, *„wie dieses selbst bei dem Watte der Fall ist"*. Er berichtet, dass vor allem in Ostfriesland die große Sturmflut vom Februar 1825 einige Kolke aufgeworfen hatten, in denen sich *„Wurzeln, Schilf und Fadern fanden, auch die Wurzel und ein Theil des Stammes einer 8-12 Fuß dicken Euche nebst Haselnüssen und Eichelkapseln. (...) so hatte auch in unserer Gegend die Urzeit ein unterirdisches Moor erzeugt, dessen Tiefe wir bis jetzt noch nicht haben erforschen können, und welche vielleicht unerforschlich bleibt."*

Er beschreibt von ihm vermutete *„**vier Naturrevolutionen**"*. Damit meint er die Jahrhunderte lange vormittelalterliche Weiterentwicklung bestimmter Moorbereiche zur Marsch. Auch hier spielen zum Einen die Zuflüsse aus dem Hinterland, besonders durch die Weser und die Jade, zum Anderen die aus den Gezeiten die Hauptrolle.

Der **erste Schritt** sei die Entwicklung hoher Sandbänke (*„Geest"*) durch das regelmäßig aufschlagende Meer. Zwischen diesem Dünenwall und der Urküste sei ein Haff entstanden, das unter zugeführtem Schlamm langsam in die Höhe gewachsen sei, bis sich der *„Hohe Weg"* entwickelt habe, wo Jade und Weser zusammenfließen. Butjadingen liegt wohl deshalb um einiges höher gegenüber dem Meeresspiegel als die Stadlander Senke, das ist noch heute so. Dann beschreibt er als großflächiges Ereignis den späteren Durchbruch eines einstigen großen *„Binnenmeeres"* hinter dem heutigen Teutoburger Wald durch die Porta Westfalica, der den Lauf der Mittel- und Oberweser geschaffen habe.

Der weitere Verlauf der Weser, die jetzt schneller und reißender kam, grub sich in einem **zweiten Schritt** teils neue Wege und brachte allerlei Stein- und Erdmengen mit, die sich beidseits der Mündung ablagerten und vom Meer ständig durchgespült und zermahlen wurden. Zugleich blieb ein Teil des Binnenwassers hinter der Geest hängen und bildete eine neue Süßwasserfläche. Damit war das Binnenmeer nach Norden gewandert. Wieder entstanden neue, teils auch durch Ton und Anderes schwerere Bodenmischungen. Dieser Klei lagerte sich nach Muhles Vorstellung entlang der Weserarme ab und ergab vorerst eine Art natürlicher Deiche. Je enger diese Arme und auch andere Zuflüsse dadurch wurden, desto schneller und stärker war der Fluss des Wassers.

In einem **dritten Schritt** spülten sich dann die erstarkten Gewässer, so beschreibt er es, ihren Klei wieder in ihr Bett und transportierten ihn Richtung Meer. Die Dünen wurden

14

aufgerissen, und der Klei im ganzen Vorland breit abgelagert. So bildete sich wohl auch ein Vorläufer für das Watt.

Nach Muhles Vorstellung mischte im **letzten Schritt** die Tide des Meeres mit dem Moorwasser am Geestrand einen Schlamm aus Sand, Klei und Moorboden, den dann die Weser und die kleineren Gewässer wieder vor sich her nach draußen schoben. Wie eine riesige Mischmaschine schaffte dieser letzte langjährige Prozess *„einen neuen Boden auf das aus dem Untergange gerettete Land."* Dieser neue recht saure Boden bekam *„für den ersten Bedarf aus Schilf, Binsen und anderen Wasserpflanzen, vorzüglich aus Reith"* eine schützende Decke. Allmählich setzte nun Graswuchs ein und hielt die Fläche auch bei Überflutung. Das Reith wurde dann von den *„Colonisten"* allmählich fast ausgerottet, so dass *„der Boden immer mehr mit einem grünen Teppich geschmückt wurde, wenngleich noch eine geraume Zeit verlief, ehe unser Boden durch eine verbesserte Landwirtschaft und insbesondere durch eine besonnene Abwässerung zu seiner jetzigen Güte gelangte."*

Besondere Beachtung schenkt er dem Lockfleth. Aus seinen Theorien ist zu entnehmen, dass er annimmt, die Weser habe für lange Zeiten den direkten Weg ins Meer eher westlich genommen und sei erst später mit der größten Wassermenge auf die andere Seite des „Hohen Weges" (= Butjadingen) und damit in sein heutiges schiffbares Bett gelangt. Die heutige Diskussion sieht das anders, bestätigt aber im Großen und Ganzen Muhles übrige Theorien.

Frühe Besiedlung des Hohen Moores

„Über dem ersten Anbau unsers Kirchspiels vor der Eindeichung schwebt ein Dunkel, das schwerlich jemals aufgehellt werden kann." Dieser seiner Einleitung trotzend beschreibt Muhle dann einige Funde in verschiedenen Bauen der Gemarkung, die darauf schließen lassen, dass schon recht früh durch Menschen Reithflächen gerodet, Grasflächen vergrößert, *„kleine Sommerdeiche"* aufgeworfen und Entwässerungsgräben angelegt worden waren, beispielsweise *„als man ohnlängst auf der Bau zu Süderschwey Nr. 210 (Hohn) das Moor bis auf den Kley abgrub, stieß man in dem letzten auf eine Niederung von ca. 10 – 12 Fuß Breite mit erhöhtem Ufer in der Richtung von Nordosten nach Südwesten, dessen Länge man jedoch nicht verfolgte, und wobey ein behauener Pfahl lag. Allem Anscheine nach war dieses ein altes Sieltief."*

Muhle vermutet, dass unser Gebiet lange nur als Sommerweide sowie Acker- und Torfstichland von *„Einwohnern des nahen Jadelandes"*, und *„als dieses verschwunden war"* von den *„benachbarten Friesen"* genutzt wurde, aber vorwiegend unbewohnt blieb. Bestenfalls habe es Sommerhütten gegeben. Den ersten zeitlich zuzuordnenden Beleg für ein vorübergehendes *„Binnenmeer"* bis nach Rastede hinein und die spätere daraus entstandene Sumpflandschaft findet er *„beym Ausgange des 8ten Jahrhunderts im Diplome der Stiftung des Bisthums Bremen"*. Für dieses Binnenmeer spricht für ihn der Fund eines Schiffsankers bei Leuchtenburg und dieser Ortsname, der auf

16

einen Leuchtturm am Meeresufer weist, *„wie auch die Sage will"*. In jenem alten Diplom wird beschrieben, dass diese Sümpfe von mehreren Weserarmen und einigen anderen Zuflüssen durchquert werden. Der nordwestlichste dürfte etwa heute das Friedeburger Tief sein, das schließlich als Dangaster Tief in den Jadebusen mündet. Die Wapel, verschiedene ehemalige Jadearme und Sieltiefe, wie das Schweiburger, die Jade selbst sowie zur Weser hin das Strückhauser und Braker Sieltief und ganz im Süden die Hunte dürften alle heutige Nachfolger dieser Meeres- oder Weserzuflüsse sein. Ein *„Landstrich von etwa sechs Quadratmeilen, der bey fortgehender Austrocknung und erhöhter Fruchtbarkeit des Bodens so angebaut soll gewesen seyn, daß hier 14 Kirchspiele mit zwey Klöstern lagen."*

Langsam wird Muhles Quellenlage besser. Er beschreibt die zeitweilige Blüte dieses von ihm „Jadeland" genannten Moorgebietes und entwickelt für die spätere Überflutung desselben seine interessante und heute ziemlich genau bestätigte Theorie, dass nicht das Meer allein durch Überflutungen diesen Untergang des genannten Gebietes verursacht habe, sondern mit Durchrissen der Jadezufluss und alle anderen engen Süßwasserzuflüsse dazu beigetragen hätten. Im vorigen Kapitel beschreibt dies der „dritte Schritt". Weitschweifig widmet er sich seinen bodenkundlichen Theorien, die sich mit der Nordseeküste von den Niederlanden bis in die deutsche Bucht beschäftigen, ehe er sich dann wieder der Besiedlungsfrage zuwendet. Während der ersten Besiedlungsperiode vor der großen Überflutung soll es westlich von Sehestedt östlich der Jade ein Kirchlein gegeben haben, zu dem „anscheinend die alten Bewohner von Schwey (...) sich hielten." Die jungen hoffentlich auch. „Über die erste Bevölkerung d.i. bis zu der Periode, wo man den Anfang der eigentlichen Bedeichung annimmt, stellen wir folgende Muthmaßungen auf." Schwei sei „hin und wieder bevölkert" gewesen, obwohl es keine alten Wurten gäbe. Der Schutz durch die Moore „und die höheren Ufer des Lockfleths vor der Fluth 1218 konnten eine Ansiedlung möglich machen."

Als das Lockfleth „jedoch im Jahre 1218 seine natürlichen Deiche zerschlug, und wilder daherbrausete: so flüchteten sich diejenigen, welche der Zerstörung entgangen waren, nach sicheren Plätzen." Ein solcher ziemlich sicherer Ort könnte „Frieschenmoor und das ursprünglich dazu gehörige Köthermoor" gewesen sein, wo nachweislich schon um 1400 die Bewohner „im Stande waren, ihre Grundstücke durch Deiche zu sichern." Weil 1433 in der Mitte zwischen Süder- und Norderschwei eine Kapelle gebaut worden sei, dürfte sich in der Zwischenzeit jedoch dort das Hauptbesiedlungsgebiet befunden haben. Ausführlich begründet Muhle diese Annahme mit zahlreichen Belegen, die durchaus einsichtig erscheinen, z.B. Bestätigungen von Grundstückskäufen aus jener Zeit oder auch bestimmten alten, von Menschenhand gefertigten Wällen und Gräben auf und an verschiedenen Bauen. Warum er bei diesen Beschreibungen sogar die bei den Käufen geflossenen Gelder und Naturalien in sorgfältiger Aufstellung nachfolgenden Generationen zur Kenntnis gibt, kann ein heutiger Leser kaum verstehen. Keine Spur von Datenschutz.

Siedler im 15. und 16. Jahrhundert

Nachdem unser Gebiet oldenburgischer Besitz geworden war, wurden fachkundige Menschen hergeführt und angesiedelt, um *„die hier liegenden Sümpfe auf's Trockene zu bringen"*. Eine besondere Rolle hat nach Muhle der Oldenburgische Graf Gerhard der Mutige (Regierung 1450 bis 1500), der trotz seiner Seeräuberei und seiner unaufhörlichen Fehden, manch eine auch mit seinem eigenen Bruder Moritz, *„landesväterlich durch regelmäßige Einrichtungen für das Wohl seiner Unterthanen strebte, wahrscheinlich auch die planmäßige Eindeichung unternahm."* Der Zweck war sicherlich einerseits der Schutz seiner Grafschaft, andererseits aber auch die Verpflichtung der so besser geschützten Siedler, ihm als Soldaten verfügbar zu sein. Schwei soll sogar von ihm eine *„Kirche errichtet"* oder die Kapelle zu einer solchen erweitert bekommen haben.

An späterer Stelle seiner Chronik schreibt Muhle über diese Zeit des Grafen Gerhard hinaus: Man wird *„den ersten Anbau des jetzigen Kirchspiels Schwey begonnen haben, wenn nämlich die erste Kirche oder Capelle 1433 errichtet ist. Da Außendeich 1574 gesichert wurde, so bildete sich unsere gegenwärtige Gegend in ca. anderthalb Jahrhunderten aus (...) und wurde allmählich bedeicht."* Wieder an anderer Stelle findet sich eine sorgfältig durchdachte, aber nicht genau belegbare kleine Geschichte der Entstehung des Kirchdorfes mit Familiennamen und Bezeichnungen der von Muhle vermuteten erstbesiedelten Bauen, ihrer Hofstätten und Kötereien. Vorher müssen einige Sturmfluten, 1439 die Pest und in den Jahren danach mehrere sehr strenge Winter sowie böse Räuberbanden der Bevölkerung aufs Heftigste zugesetzt haben. Muhles Schilderungen beschreiben schreckliche Zeiten. Die Siedler aber waren zäh und arbeiteten unverdrossen gegen alle Widrigkeiten an. Sogar die Schweier Kapelle oder Kirche auf der Wurp musste offenbar 1483 neu aufgebaut werden. Was mit der vorigen geschehen war, wusste Muhle nicht zu berichten. Er hatte wohl gehofft, dazu noch etwas zu finden, denn in der Chronik hat er dafür eine Leerstelle gelassen.

Nach Muhles *„Muthmaßungen"* sollen die Siedler hauptsächlich Leute von jenseits der Jade aus der Gegend um Zetel und Jeringhave gewesen sein, denen ihr Herkunftsgebiet zu eng geworden sei, so dass sie sich trotz der Hochwassergefahr in den Schweier Dorfteilen zwischen den *„Ureinwohnern"*, niedergelassen hätten. Die Deichbauer sollen Niederländer gewesen sein, die auch teilweise hier hängen blieben, weil das hiesige Gebiet weit friedlicher war als ihre Heimat zu jener Zeit. Muhle vermutet also, dass zu seiner Zeit die Schweier *„theils Abkömmlinge sind von den Ureinwohnern (Chauken), theils von den Friesen der Jade, theils von den Holländern, in allen Fällen also friesischen Ursprungs."* Gestützt durch einzelne Kaufunterlagen und landschaftliche Befunde beschreibt er eine Besiedlung von Süden nach Norden, die schließlich auch die besonders hochwassergefährdeten Böden am Schweier äußeren Deich zum Lockfleth hin kultivierte und diesen Deich sorgsam befestigen ließ. Er hat Quellen gefunden, nach denen *„daselbst in kurzer Zeit schönes Gras- und Bauland sich erhob,* *wo vormals allein Wildniß, Morast und Wasser war."* So wurde diese bisherige Schwachstelle für längere Zeit zum am besten geschützten Bereich.

Über den genauen Verlauf der übrigen damaligen Deiche hat er fast nichts gefunden, lediglich über einen Deich südöstlich der Bereiche Frieschen- und Kötermoor, ebenfalls zum Schutz gegen das Lockfleth. Aber auch andere Deichstücke zum Lockfleth hin beschreibt er penibel anhand vorgefundener Reste quer zu einigen Bauen in Schweierfeld, Norderschwei und Schweieraußendeich. Zusammenfassend kann er dann feststellen: *„So war Schwey südlich und nördlich geschützt, und zwischen Köthermoor und ihm bestand kein offenes Watt mehr."* Lückenschlüsse im vom Lockfleth bedrohten Osten und Nordosten sowie im Westen zur Jade hin seien dann später erfolgt.

Die dadurch erheblich besser als zuvor geschützte Bevölkerung kultivierte den Boden, sorgte für Bewässerungsgräben und gewann so immer mehr Nutzfläche. Schließlich wurden die Bauen neu verteilt, deren Größe möglichst einheitlich festgelegt und somit kurzzeitig ein gleichmäßiger, wenn auch bescheidener Wohlstand erzielt. Ungerechtigkeiten waren aber nicht auszuschließen, manche Bauen waren doch erheblich länger, andere hatten sehr unterschiedlich ergiebige Böden. Also auch damals schon war eine Art „Flurbereinigung" gutwillig gedacht, jedoch nur schwer zu schaffen. Zerstückelung durch Erblasser taten dann das Ihre, das Wohlstandsgefälle leider doch aufrecht zu erhalten oder gar noch zu verstärken. Auch der Unterschied zwischen Eigentümern und Pächtern spielte damals bereits eine starke Rolle; die Landeigentümer der „Meyergüter", das waren die Pachtländereien, waren sehr oft regelrechte Großunternehmer, die Pächter standen unter hohen Verpflichtungen.

Einige Sätze widmet Muhle der beachtenswerten Tatsache, dass die Hofgebäude jeweils nahe der Moorgrenze errichtet wurden. Infolgedessen stehen die Hofstellen zumeist nicht in etwa gerader Linie auf den Bauen, sondern, wie auch heute noch an den oft sehr unterschiedlichen Längen der Zuwegungen von den Straßen ersichtlich, in recht unruhiger Flucht angeordnet.

Die unterschiedlichen Voraussetzungen, unter denen die Landleute die Böden bewirtschafteten, ließen viele Familien entstehen, die unter stark eingeschränkten rechtlichen Bedingungen nur notdürftig ihr Dasein fristeten. Ihre Häuser waren entsprechend ärmliche Hütten, *„Kathen"* genannt. Mit der Zeit erhielten deren Bewohner die Bezeichnung *„Köther"*, eigentlich Käther oder Käthner. Oft waren sie Arbeiter auf den Höfen der Hausleute, zuweilen auch selbstständige Bewirtschafter kleiner Stücke auf geteilten Bauen, die sie hatten pachten oder gar erwerben können. Rechtshändel zwischen den wohlhabenden Hausleuten und den Köthern waren den Quellen Muhles zufolge gar nicht selten.

Die Deiche

Mit großer Sorgfalt beschreibt Muhle die Geschichte des schwierigen Deichbaues, der im 16. Jahrhundert trotz mehrerer heftiger Rückschläge Zug um Zug das Schwemmland des Lockfleths zu brauchbarem Acker- und Weideland werden ließ. Der erste Schweier äußere Deich nördlich Norderschwei zur Ahne hin entstand, wie zuvor berichtet, schon im 15. Jahrhundert zu Zeiten des Grafen „Gerhard der Mutige", auch bekannt als „der Schreckliche", wurde dann allmählich durch neue Deiche weiter nördlich zum Winterdeich und später - gegen Ende des 16. Jahrhunderts - völlig überflüssig. Er markiert den ersten Einstieg in den Kampf gegen die Gezeitenbelastung dieses Lockflethtrichters. Die Zähigkeit der Deichleute schloss dann in der zweiten Hälfte des Jahrhunderts allmählich den gesamten Zulauf des Meeres. Seefeld entstand. Das war hohe Kunst der „Diekmänner".

Ohne die Leidenschaft des damaligen Grafen Johann VII., der nicht ohne Grund den Beinahmen „der Deichbauer" erhielt, wäre diese gewaltige Leistung wohl nicht möglich geworden. Er soll oft vor Ort gewesen und bei den Norderschweier Hofleuten im Kortendorp eingekehrt sein. Zum Dank hat er den betreffenden vier Familien nach Muhles Kenntnis jeweils ein Viertel des in der Nähe gewonnenen Landes geschenkt. Auffällig ist, dass Muhle in diesem Zusammenhang die (zugegeben sehr komplizierte) Abfolge der Grafen von Oldenburg beschreibt und dabei einige falsche Informationen verarbeitet. Erst ab 1577 ist dann alles korrekt wiedergegeben.

Die Aufzählung der gräflichen Vögte und die Darstellung des jeweiligen Strafmaßes für Missetaten können wir uns ersparen. Erwähnenswert: Für das Gebiet von Schwei über Seefeld sowie bis Schweiburg und Rönnelmoor, das 1693 *„dem* (dänischen) *Könige zufiel"*, gab es von da an ein Amtsgericht. Sitz desselben offensichtlich in Schwei. Seefeld und Schweiburg gab es da noch gar nicht so lange. Beide Siedlungen einschließlich Reitland seien um 1600 herum auf neuen Groden entstanden, die erst allmählich zu fruchtbaren Marschengebieten kultiviert wurden.

Während 1528 und 1529 zum wiederholten Male Menschen durch die Pest verstarben, wohl aber eher im Geestland als in den Marschen, beginnt für Schwei ein völlig neuer Status. Zwar hatte der Graf das Gebiet Schwei mit seinen Außengebieten schon einige Jahre zuvor zu einem eigenen Kirchspiel erhoben, der erste Geistliche kam aber erst eben im Jahr **1528**. Walther Renzelmann war nicht nur in dieser Weise der Erste, sondern zugleich einer der ersten lutherisch predigenden Pfarrer im Oldenburgischen. Muhle schreibt lapidar: *„Renzelmann, erster evangelischer Pastor zu Schwey".* Genaueres berichtet er später (siehe Seite 44).

Die ausführlichen Beschreibungen vom Wohl und Wehe der nachreformatorischen Jahrzehnte helfen dem heutigen Leser in der Erkenntnis über die damalige Zeit nicht viel weiter. Es fällt nur auf, dass unser Gebiet zu jener Zeit nur knapp zahlreichen wetterbedingten Katastrophen entkam, weil der Fleiß und die Erfahrung der Siedler zunehmend nicht mehr hinter den Schäden her arbeiteten, sondern zur Vorsorge übergegangen waren. Doch gegen die große Flut **1570**, die stellenweise noch schlimmer als die Antoniflut 1511 wütete, halfen viele - obwohl neuere - Schutzmaßnahmen auch nicht mehr. Während die guten Deiche rund um Schwei und Ovelgönne zwar stellenweise überflutet, aber nur durch einzelne wenige Bracken angeknackst wurden, gerieten die *„Butjadingerlande"* wie auch das flache Friesland westlich der Jade in fürchterliche Not. Eine Menge Siele, in Butjadingen allein angeblich sieben, brachen auf. Der Schutz durch die Tore war verschwunden. Entlang der Nordseeküste sollen nach Quellen, die Muhle mit einigem Misstrauen betrachtet, *„59.000 oder nach anderen 100.000 Menschen umgekommen seyn."* Eine Gedenkmünze wurde zum Andenken an diese Flut geschlagen, deren lateinische Inschrift - übersetzt *„preiset ihr Meere und Flüsse den Herrn"* - wie ein sehr verzweifeltes Stoßgebet wirkt.

Kaum hatten sich die Marschbauern und Deichleute von dieser Katastrophe erholt, brach **1580** der schon ab 1529 in Ostfriesland beobachtete *„englische Schweiß"* aus, eine Krankheit, die zum Glück bei Weitem nicht allen, aber doch vielen Erkrankten das Leben kostete. Bis heute wird gerätselt, welche der heute bekannten ähnlich auftretenden Epidemien das wohl gewesen sein mag, die vorwiegend in England und an den europäischen Festlandküsten einige Jahrzehnte lang gewütet hat, bevor sie ebenso überraschend verschwand, wie sie gekommen war.

Gesundheitspflege und die Ärzte

Viele von Muhle penibel notierte Einzelheiten dieser Epoche sind vorwiegend ein Beweis dafür, wie gut sich dieser Pastor auskannte. Bis tief hinein in die Besitzstände seiner Gemeindeglieder, eine heute unvorstellbare Angelegenheit. Dies alles sowie allerlei Plagen durch Ungeziefer und Seuchen hier darzustellen, wäre sowohl viel zu umständlich als auch ziemlich ohne Sinn. Es lohnt jedoch, einige Beschreibungen der zu jener Zeit langsam entstehenden geregelten Gesundheitspflege wiederzugeben, deren Darstellung er mit der Überschrift *„Medicinalwesen"* versehen hat. Er berichtet, wie er trotz recht dürftiger Quellenlage genau erkennen kann, dass allmählich nur noch examinierte *„Wundärzte"* in den Kirchspielen angestellt werden durften, und zwar *„in jeder Vogtey nur zwey dergleichen"*. Er beschreibt aber auch, dass *„Apotheker, Barbirer, Chymiater, Ocultisten, Bruchschneider, Empiriker, Sager Weiber sich des Arznens und Curirens mit Getränken, Verbande und Salben zum öftern zu der Patienten höchstem Unheil, Gefahr Leibes und Lebens"* befleißigt und *„den privilegierten Wundärzten merklichen Schaden zugefügt"* hätten. Zudem nimmt Muhle an, dass allerlei *„Gewürz- und Kräuterkrämer"* mit ihren *„Wunderkuren manche vor der Zeit in's Grab werden gestürzt haben."* Quacksalber gab es also auch damals. Haufenweise.

Besondere Aufmerksamkeit widmet er den **Hebammen**, deren Können *„sich fast alles auf Erfahrung gründete. (...) Es wurden dazu Frauen genommen, welche schon in den Jahren fortgerückt waren, und in einem guten Rufe standen."* Er beschreibt dann einige der Hebammen des Kirchspiels Schwei namentlich und mit der Darstellung ihres Werdeganges und der Familienverhältnisse. Daran erkennen wir klar und deutlich, dass diesen Frauen in Zeiten großer Kinderzahl je Familie und mit hoher Kindersterblichkeit eine herausragende Bedeutung für die Dorfgemeinschaft zukam.

Einem besonderen Sorgenkind der damaligen medizinischen Erkenntnisse, und damit auch Muhles mit seinem profunden Wissen, widmet er einen eigenen längeren Gedankengang: *„Zur Zeit des 30jährigen Krieges kam almälig das* **Tabaksrauchen** *auf. Dieses war ursprünglich eine Angewohnheit der Eingeborenen von America, und gab deshalb schon 1496 der Spanische Dominikanermönch Pano Nachricht über die Gewohnheit der dortigen Insulaner, (...) Spanier und Portugiesen brachten es zuerst nach Europa."* Muhle beschreibt dann ausführlich die Ausbreitung des Rauchens bis in die Türkei und nach Schweden. Schwedische Söldner hätten es im 30jährigen Krieg dann nach Mitteleuropa gebracht. *„Eine lange Zeit hindurch hielt man das Tabaksrauchen für das Zeichen eines liederlichen Lebens, und eiferten die Geistlichen auf der Kanzel sehr dagegen, als gegen die größte Sünde."* Muhle zitiert einen Professor, der 1653 über den Tabak schrieb: *„er erhitzt und trocknet Blut und Gehirn aus, macht den Kopf zum schändlichen Kamin, bringt um alles Genie, vorzüglich, wenn Bier und Wein dazu getrunken wird, und ist ein verborgenes schlaues Stratagem des Satans."* Die Sucht der Raucher als strategisches Werkzeug des Teufels zu bezeichnen, wäre vielleicht ein origineller alternativer Aufdruck auf unseren heutigen Zigarettenpackungen.

Abschließend berichtet er dann recht verwundert von einem Pastor aus Bardenfleth, über den sich seine Gemeinde 1641 in Oldenburg *„über seine (...) sehr ungünstige Lebensart"* beschwert habe, wozu zählte, *„er habe am dritten Weihnachtstage nicht gepredigt, dagegen vor der Pastorey öffentlich gesessen, itzt Bier, itzt Tabak."*

*„Die **Namen der hiesigen Ärzte**, welche uns in den Kirchenbüchern hin und wieder aufbewahrt werden, sind c.1634 **Paul Felgenhauer**. Dieser scheint ein geborener Hesse und studirter Mann gewesen zu seyn, da er ein ´Medicus´ genannt wird. Zugleich mit ihm wird **Johann Theerkorn** practizirt haben, welcher 1649 starb. Im Jahre 1721 kommen vor **Nikolaus Hille** und **Nikolaus Henke**. 173? **Daniel Zapf** auch 175?. 1738 **Georg Christian Lantzius**, 1768 **Georg Christian Witte**, 177? **Daniel Diedrich Vollstädt** gebürtig aus Hamburg, 177? **Bruns Winkelmann**.*

*Zu dieser Zeit wurde der besseren Ordnung gemäß ein Arzt Oberlich bestellt. Der erste war 180? **Christoph Theodor Bartels**, gebürtig aus Berne, ein geschickter Mann, welcher aber leider durch Trunkenheit sein Leben verkürzte, und 1812 (...) etwas über 33 Jahr alt, unverehelicht starb. Ihm folgte 1812 der Doctor **von der Laar**, ein Holländer, welcher wenige Jahre nachher in sein Vaterland zurückging (...). Ebenfalls nur kurze Zeit practizirte **Franz Friedrich Hönemann**, und starb (...) 33 ¾ Jahr. Desgleichen blieb auch eine nur kurze Zeit **Heinrich Christoph Solff** (...) und wurde nach Jever versetzt (...). Ihm* folgte **Heinrich Steinfeld**, *gebürtig aus Oldenburg. Er wurde 1821 (...) mit des Kaufmanns im Kirchdorfe Johann David Runges Tochter Sophie Rebecke verehlicht, entfernte sich jedoch heimlich, und ist verschollen.*" Ein recht unstetes Völkchen, diese damaligen Ärzte.

"Sein Nachfolger war **Johann Kaspar von Horsten**. *(...) Er starb (...) 1828 April 16, alt beynahe 41 Jahr."* Von ihm berichtet Muhle, dass er ein durch ein ordentliches Studium weitergebildeter Wiener Schneidermeister gewesen sei, den der dortige Erbprinz, nun Großherzog von Oldenburg, mitgebracht habe. *"Er war der erste hiesige besoldete Arzt. Der ihm folgende* **Jakob Friedrich Frank** *(...) wurde 1828 nach Schwey berufen (...). Der Provincialchirurgus Frank starb 1852".* In den Jahren zuvor hatten sich seine Schwestern und dann auch seine Eltern im Morgenland angesiedelt.

Die Schulen und ihre Lehrer

Die von ihm „Dorfschaften" genannten Ortsteile des flächig großen Kirchspiels Schwei waren zu Muhles Zeiten schon die gleichen wie heute. Ihre Beschreibungen können wir uns insgesamt ersparen, jedoch diejenigen ein wenig genauer von Muhle zeigen lassen, in denen es Schulen gab. Immerhin waren zu jener Zeit Schulen im Kirchdorf, in Außendeich, in Norderschwei, in Süderschwei und in Kötermoor zu finden. Angesichts des allgemeinen Kinderreichtums und der relativ geringen Kindersterblichkeit sicherlich sinnvoll.

<u>Hauptschule</u>: *„Die Schullehrer in der **Schule der Dorfschaft Schwey** waren die Küster."* schreibt Muhle *„Diese ist die Küster- oder Hauptschule, welche aus der Dorfschaft Schwey mit 13 Bauen und auf denselben liegenden Köthereien besteht, in ihr also auch das Kirchdorf, Schweyerfeld und Altendeich nördlich des Herrenweges in sich schließt. (...) Die Schule ist die älteste, und ist längere Zeit hindurch die einzige des Kirchspiels gewesen."* Das Schulzimmer war seit deren Errichtung ein Raum in der Küsterei, die vom gesamten Kirchspiel unterhalten werden musste. Aber nach der Einrichtung der Außenschulen waren deren Räume auch von der jeweiligen Schulacht zu unterhalten. Dadurch wurde dieser Raum zum langjährigen Zankapfel. Auch die Aufteilung des Küster- und Schullehrereinkommens der Stelleninhaber blieb eine Quelle ständiger *„Zwistigkeiten"*. Die Lehrer des 16. und beginnenden folgenden Jahrhunderts sind Muhle namentlich unbekannt.

„Der erste uns genannte Küster war **Rudolf Meenzen**, der 1635 vorkommt, und 1666 (...) starb. Da ihm **Edo Meenzen** folgte: so wird dieser sein (...) Sohn sein, der, wie es sehr wahrscheinlich ist, zuerst Schullehrer zu Norderschwey war. (...) starb 1676. Sein Nachfolger war **Johann Funke**, (...) starb 1686. Nach ihm war **Anton Ludolf Geerken** Küster und anscheinend auch Organist, (...) starb 1698 (...). Ihm folgte **Anton Günther Wedemeyer** (...). Er starb 1703, erst 26 Jahre alt. (...) Der folgende Küster war „**Anton Friedrich Rumpf**", der versetzt worden sein dürfte, weil sein Todesjahr fehlt. Ein „**Johann Messing**" wird 1712 erwähnt, der 1718 nach Edewecht kam. „Sein Nachfolger war **Alrich Ruhe**." Von diesem ist nur bekannt, dass er 1723 einen Adjunctus bekam. Das „war **Johann Friedrich Wulffers** (...). Da er von 1723 bis 1786 (freylich zuerst als Adjunctus und zuletzt durch einen Adjunctus) das Amt 63 Jahre verwaltete: so war er von allen Küstern und Pastoren zu Schwey am längsten im Dienste. (...) Er starb1786 (..), alt 85 ¾ Jahr. Sein ihm mehrere Jahre adjungierter Sohn, und welcher auch sein Nachfolger wurde, **Kaspar Jakob Wulffers**, (...) starb 1809 (...) alt 65 ½ Jahr. Sein Sohn und Nachfolger **Konrad Dietrich Anton Wulffers** (...) verfiel bisweilen in Schwermütigkeit, und starb 1822 (...) erst 36 ¼ Jahr alt." Nach drei Generationen und 99 Jahren Küstern namens Wulffers „wurde **Bernhard Wieting** (...) dazu berufen(...) welcher (...) aber schon 1828 (...) verstarb, alt 33 ¾ Jahr.(...)

Ihm folgte **Hinrich Wilhelm Wittenberg**", über dessen verschlungenen Werdegang Muhle bestens informiert ist, sie arbeiten schließlich schon seit Jahren zusammen. Er „wurde

1828 nach Schwey versetzt. (...) So wie ein besserer Geist das Schulwesen beseelt, so zeichnet sich Wittenberg durch Fleiß und zweckmäßigen Unterricht aus, der um seine Fortbildung redlich bemüht ist, seine übrigen Geschäfte ordentlich treibt, als ein geschickter Organist sich beweiset, und das Lob eines guten Haushalters, Ehemanns und Familienvaters verdient." Da haben sich wohl verwandte Geister zusammengefunden.

Außenschule 1: Auf den ersten Blick scheint es verwunderlich, dass auf dem spät gewonnenen Groden vor dem ersten nördlichen Deich, der **Außendeich** genannt wurde, offenbar die erste Außenschule eingerichtet worden ist. Dort hatten Muhles direkte Vorfahren gelebt. Der weite Weg zur Hauptschule genügt Muhle als Erklärung für diese frühe Schulgründung. *„Die Zahl der Schüler ist durchschnittlich 50. (...) Schulmeister (...) **Helmerich Barre** (...). Ob der 1680 vorkommende **Paul Acestes Frank** sein unmittelbarer Nachfolger war, ist nicht gewiß auszumitteln. (...) Er starb 1708."* Den nächsten kann Muhle nicht nennen, sondern erst *„**Diedrich Schnuck**, als der zunächst 1719 aufgeführte, starb 1754 in einem Alter von 54 Jahren. (...) Ihm folgte sein Sohn **Johann Friedrich Schnuck**. (...) Er tauschte mit seinem Nachfolger den Dienst (...)1763 (...). Dieser sein Nachfolger war **Helmerich Barre** (...), kränkelte in seinen letzten Jahren, und starb 1800. Nach dessen Tode wurde (...) sein Sohn **Helmerich Barre** zum Schullehrer hieselbst (...) ernannt. Da (...) er das Seminarium nicht besucht hatte, (...) wurde er 1839 (...) in den Ruhestand gesetzt. Er starb 1840."* Muhle selbst hat mit den Betroffenen zusammen danach eine Zusammenführung der Schule in Außendeich mit der in

Norderschwei betrieben. Bis das gelingen könnte, wurde **Anton Rogge** provisorischer Schulmeister, aber als das misslang, berichtet Muhle: *„Er wurde 1842 definitiv bestellt. (...) Er starb 1854 (...), nachdem er lange an der Schwindsucht krank gelegen".*

Außenschule 2: Besonders viel weiß Muhle über die Querelen um die Schaffung eines Schulraumes in **Norderschwei**, in deren Einzugsbereich ein Teil seiner Vorfahren und Verwandten lebte. Nach langen Streitereien scheint mit **Edo Meenzen** irgendwann nach 1650 der erste Schullehrer dort tätig geworden zu sein. Der folgte wohl seinem Vater 1666 in die Küsterei im Kirchdorf Schwei. Einer seiner Nachfolger war anscheinend 1681 **Joachim Andreas Ohlreyer**, von dem ebenso wenig bekannt ist wie von **Diedrich Dode**, **Jakob Emken**, **Johann Grube** („welcher 1729 starb"), **Arius Siebrand** und **Hinrich Thienken**. Von „**Friedrich Haar**, gebürtig aus Hartwarden," weiß Muhle immerhin Ehefrau und Kinderzahl sowie: *„Er starb 1799 (..) alt 50 ½ Jahr. Sein Nachfolger war Eilert Reiners, Hausmann zu Norderschwey, welcher 1809 (...) starb, alt 56 ½ Jahr. Ihm folgte 1810 Gerd Witting, (...) starb 1833 (...) alt 48 ½ Jahr."*

Nun aber folgt Muhles Zeitgenosse **Jakob Anton Vogelsang**, über dessen Herkunft und Werdegang er äußerst ausführlich berichtet. *„Als Vogelsang 1833 im Herbste nach Norderschwey berufen war, fand er diese Stelle in moralischer Hinsicht vorzüglicher, als Hoffe* (wo er zuvor kurze Zeit Lehrer war)*, in intellectueller und technischer ihm jedoch weit nachstehend, indem Sprache, Volkskunde, biblische*

Geschichte und sogar Rechnen nachlässig angebauet waren. Alles dieses hat sich unter ihm sehr gehoben. (…). Er ging 1842 (…) nach Oberlethe, und wurde von mir ungern vermißt." Die geplante Zusammenführung mit Außendeich blieb aus, so folgte in Norderschwei **Theodor Dirks**. *„Dirks besitzt bey einem offenen Verstande die zu sein Fache gehörigen Kenntnisse, und steht sein Amte fleyßig vor."*

Außenschule 3: Die Dorfschaft **Süderschwei** einschließlich Achterstadt und des Ostteils der Achtermeerschen Bauen hatte eine eigene Schule. Muhle berichtet: *„östlich der Moorstraße liegt die Schule. (…) Die Anzahl der Schüler ist durchschnittlich 80. Des Schuldienstes wird in der Mitte des 17ten Jahrhunderts noch nicht erwähnt".* Diese Schule muss trotz späteren Neubaus eine große Anziehungskraft besessen haben, denn die hohe Schülerzahl hatte auch etwas damit zu tun, dass zahlreiche Kinder aus dem Grenzbereich zum Kirchdorf hin nicht in dessen Hauptschule, sondern in diese Süderschweier Außenschule geschickt wurden. Vielleicht hatten die Eltern die dortigen Streitereien satt. *„Die Reihe der Schullehrer, anscheinend ohne Lücken ist:* **Arius Siebrand**, *(…) er lebte wenigstens noch 1738, als sein Nachfolger schon gestorben war. Dieser war* **Johann Strahlmann**, *der schon 1724 May 8, wahrscheinlich jung und unverehlicht, starb. Ihm folgte* **Johann Hinrich Schnuck** *(…). Er starb 1729 (…) anscheinend jung. Im Jahre 1738 kommt* **Gerhard Thien** *vor, (…) Sein Todestag ist nicht angeführt, und war daher wahrscheinlich versetzt.*

Im Jahre 1744 war **Gerhard Hinrich Hagedorn** *Schullehrer, (...). Er wurde als erster Organist nach Schweyburg versetzt. Sein Nachfolger war* **Diedrich Wittvogel**, *der unverehlicht 1752 (...) alt 22 ½ Jahr, starb, und im Kirchenbuche ´ein feiner junger Mensch´ genannt wird. Nach ihm war* **Hinrich Hauer** *Schullehrer, der noch 1762 vorkommt. Ihm folgte* **Hermann Sießmann**, *der schon 1767 (...) in seinem 30ten Lebensjahr starb. Dessen Nachfolger war* **Klaus Osterbind**, *gebürtig aus Alse (...). Er starb 1804 (...), alt 56 ¾ Jahr. Sein Nachfolger* **Friedrich Schwarting** *(...) starb 1819 (...) alt 57 ¼ Jahr. Der ihm folgende* **Johann Diederich Brakenhoff** *war 1795 (...) geboren (...). Im Jahre 1819 im Frühlinge erhielt er die Schulstelle in Süderschwey, wo er noch jetzt als Vater von neun Kindern wohnt."* Von dessen Lebensumständen, guten wie bösen, berichtet Muhle mit großer Herzlichkeit und freundschaftlicher Anteilnahme. 1840 kommt dann **Hinrich Karsten Gerhard Diedrich Miesegaes**. 1846 folgt **Friedrich Niehaus**.

Außenschule 4: Über eine recht lange Zeit gab es die Dorfschaften **Nieder- und Oberkötermoor**, die vorwiegend durch die Kötermoorer Straße getrennt wurden. Noch im 17. Jahrhundert scheint die Schulsituation recht unübersichtlich, da die beiden Dorfschaften unterschiedlichen Kirchspielen zugerechnet wurden, das südöstlich gelegene Niederkötermoor noch zu Strückhausen. Zuerst gab es wohl nur eine *„Winterschule"*, die in Häusern der Bauernfamilien durchgeführt wurde, weil es kein Schulhaus gab. Nach dem Übergang dieser kleinen Dorfschaft ins Kirchspiel Schwei und der Zusammenführung mit der westlichen zur *„Dorfschaft*

35

Köthermoor" entstand schließlich nach einer obrigkeitlichen Anordnung von 1763 ein Schulraum in einem der Bauernhäuser mit der Maßgabe, jährlich von Hof zu Hof zu wechseln. *„Da jetzt die Interessenten einsahen, daß sie sich mit ihren Streitigkeiten selbst schadeten, auch die jährliche Abtretung eines Zimmers und die Unruhe der Schulkinder in ihren Häusern lästig fiel: so vereinigten sie sich, ein eigenes Schulhaus zu bauen."* Die Landschenkung eines großherzigen Hofbauern machte dies dann auch bald möglich.

Schullehrer waren in den Wanderschulzeiten *„1721 **Friedrich Drost**, 1725 **Sibbern Lübsen**, 1734 **Gerd Schild**, 1745 **Gerd Lienemann**."* Nach ihm kam *„1767 **Klaus Hohn**, erster Lehrer an der Standschule (...). Er wurde nach Popkenhöge versetzt. Ihm folgte c. 1786 **Diedrich Schröder**. **Johann Hinrich Schild** (...) verwaltete von 1795 bis 1797 den Dienst. (...) Darauf war 1797 **Diedrich Schelling** Schullehrer, (...) wurde 1803 nach Schmalenfleth versetzt, wo er c. 1831 starb. (...) Er hatte **Hinrich Harms** (nur ganz kurz) zum Nachfolger, (...) Nach ihm verwaltete **Johann Christian Bäkermann** von 1803-1809 und dann der Seminarist **Hundorf** nur ein halbes Jahr die Stelle. Als (...) Bäkermann erst späterhin das Seminar besucht hatte, wurde er 1810 definitiv angestellt (...), 1819 nach Rönnelmoor versetzt, aber 1836 seines Dienstes entlassen, weil er trunkfällig war. Sein Nachfolger war 1820 **Johann Haar**, welcher 1828 eine Anstellung zu Süllwarden erhielt. Ihm folgte (...) 1528 **Johann Behrend Friedrich Mechau**, welcher bis 1830 den Dienst verwaltete, und dann (...) versetzt wurde. Sein Nachfolger war **Heinrich Ulrich Wilhelm Albers** (...) Er wurde*

1840 (…) nach Neuenkirchen Amts Damme als Organist und Schullehrer versetzt."

1840 bis 1842 war dann **Friedrich Wilhelm Ellinghausen** in Kötermoor Lehrer, der sich aber recht bald versetzen ließ, *„da ihm dem Anscheine nach das Leben unter den Landleuten nicht ansprach (…). Er sollte, weil er außerhalb Landes befördert wurde, für seinen Aufenthalt auf dem Seminarium 87 Th. bezahlen, wurde aber davon entschlagen, indem er einen diesfälligen Revers nicht unterschrieben hatte"*. Schon als Seminarist alles richtig gemacht, der Schlaukopf. Ihm folgte im Mai 1842 **Hermann Büsing**, der vom Kleinknecht über eine Schmiedelehre ins Lehrerseminar aufstieg, anderswo Hilfslehrerstellen ausfüllte und für den Rest seines Lebens in Kötermoor blieb. *„Er starb 1849 (…) zu meinem großen Bedauern."*

Das war also für jede Schule der aktuelle Stand, als Muhle schrieb. Auffällig ist, dass die Schulmeisterstelle an der Schule in Kötermoor wohl ein regelrechter Schleudersitz war, zumindest im Vergleich zu den anderen Schweier Schulstätten, von welchen Lehrer weit seltener versetzt wurden oder sich weg meldeten. Grundsätzlich bemerkt Muhle: *„Dass die Schulstellen bis jetzt noch nicht besser dotirt* (bezahlt) *sind, steht im Widerspruche mit den vielen Fordernissen, die man an die Lehrer macht."*

Die Kirchen

Von Muhle lernen wir, dass in Schwei *„die erste Kirche oder Capelle 1433 errichtet"* worden ist, also noch vor der Regierungszeit des Grafen Gerhard, genannt der Mutige. Dass diese erste Schweier Kapelle oder Kirche auf der Wurp offenbar **1483** neu aufgebaut werden musste, habe ich weiter oben schon notiert. Ein besonders großartiges Bauwerk scheint auch diese nicht gewesen zu sein, denn ab **1518** wurde sie befestigt und verbessert. Die hat dann fast ein Jahrhundert lang allen Überflutungen des Kirchdorfes zum Trotz treulich der Gemeinde gedient. So wurde erst *„1615 und 1616 die jetzige Kirche gebaut, 1617 der Thurm"*. Der erste Schweier *„Pastor Renzelmann (...) und seine beiden Nachfolger waren noch bey der Kapelle angestellt. (..) Sie hatte den heiligen Secundus zum Patron, welcher der Legende nach das Evangelium in Spanien verkündigte, und deshalb als Märtyrer des Christentums ersäuft wurde."* Nach heutiger Sicht kommen zwar mehrere Kirchenväter dieses weit verbreiteten Namens in Betracht, aber der Hinweis auf Spanien und den Märtyrertod durch Muhle belegen eindeutig, dass ausschließlich der Bischof *„***Secundus von Abula***"* gemeint sein kann, dessen Wirkungsstätte die heute Abla genannte spanische Stadt war, vermutlich im 3. Jahrhundert nach Christi Geburt.

Zu Muhles Zeit fand sich am Standort der alten Kapelle - nahe dem Standort der heutigen Kirche - noch eine Ruine, in deren einer teils schon abgebrochenen Mauer *„sich eine alte geschnitzte starke Hausthüre befand, die anscheinend eine*

Kirchenthüre gewesen war. Man grub ferner aus diesem Hause mehrere Todtengebeine aus, unter anderen ein noch fast vollständiges Geripppe. Was aus der Kapelle für die jetzige Kirche gebraucht wurde, ist gewiß die Taufe (der alte Taufstein), und sind es anscheinend auch die beiden nachher mehrmals umgegossenen Glocken". Gegen letztere Behauptung sind Zweifel angebracht, es sei denn, die Kapelle hätte schon einen Glockenturm neben sich stehen gehabt. Das aber ist denkbar, weil Teile des heutigen Turmes ihrer Substanz nach erheblich älter sind als der gesamte Kirchbau. Sehr verblüffend ist eine kurze Zusatzbemerkung Muhles: *"Auch stand, als Außendeich* **1574** *gewonnen war, daselbst eine Kapelle, deren Platz man noch auf Hedden Bau am Fußpfade erkennt, wo der Schweyer Pastor zu gewissen Zeiten den Gottesdienst"* abhalten musste. Der zu jener Zeit "Außendeich" genannte Bereich lag vor dem ersten Schweier äußeren Deich - nördlich vom heutigen Kortendorfer Tief und beiderseits des Alten Schulwegs - auf einem damals noch ziemlich frisch gewonnenen Groden, also in und zwischen den heutigen Bereichen "Schweieraußendeich" und Seefelderaußendeich". Heute kennt wohl niemand mehr den genauen Standort dieser Kapelle. Welche Baue war "Hedden Bau"?

"Da die Kapelle im Kirchdorfe nicht geräumig genug, baufällig, vielleicht auch (wie zu Strückhausen die Kirche) vom Wasser sehr beschädigt war, so entschloß sich die immer mehr anwachsende Gemeine, als namentlich der Außendeich mit seinen 52 Bauen hinzugekommen war, und die Bewohner desselben sich eingerichtet hatten, auch Achtermeerschen und

Reithland hierher gehörten, eine neue <u>*Kirche*</u> *zu bauen."* Alles, was damals östlich von Reitland dem Lockfleth abgewonnen worden war, hieß also damals Außendeich. Und der Bau der größeren Kirche im Dorf war eine Folge der Erweiterung der Schweier Marsch in mehrere Richtungen.

„Die weitere Einrichtung geschah in den folgenden Jahren, und muß der damals ärmlichen Gemeine nicht wenig lästig gefallen seyn, zumal da zu dieser Zeit der 30jährige Krieg viele Beschwerden herbey führte, weshalb auch das alte Patrimonialbuch schreibt: ´alles bey Zeiten des langwärigen Teutschen Krieges und dabey continuirlich angeordneten schweren Contributions Anlagen´." Diese „Anlagen" waren Zwangsabgaben zur Kriegsfinanzierung. Über die in dieser Kriegszeit gefertigten und heute berühmten Schnitzwerke Ludwig Münstermanns in unserer Kirche verliert er fast kein Wort. Der Taufstein aus der Kapelle erhielt, Muhle meint ab 1637, einen reich geschnitzten Deckel, und *„so wurde auch der jetzige Altar erst 1638 gebaut und 1641 vollständig mit (...) Zierathen aus Bildhauerarbeit und Schnitzwerk versehen."* Er erwähnt auch: *„Die ebenfalls mit Schnitzwerke versehene Kanzel, welche an der Südseite steht, ist 1618 verfertigt und 1637 verbessert."* Die moderne Münstermann-Forschung bestätigt zwar die Fertigungszeit der Kanzel, ordnet aber den Taufsteindeckel für älter ein als Muhle meint (ab **1623**), die Altarschnitzereien auch (ab **1635**).

Aus heutiger Sicht muss man vermuten, dass der Holzschnitzer Münstermann den wohl nicht ganz geringen Lohn für seine Kunst oft erheblich verspätet erhalten hat, da

Muhle stets die Bau-, Austattungs- und Reparaturjahre aus den Rechnungsbüchern entnimmt. Schlechte Zahlungsmoral erklärt vielleicht auch das atemberaubende Tempo, mit dem Münstermann und seine Werkstatt die ungeheuer zahlreichen kunstvollen Werke landauf, landab zustande gebracht haben.

Besondere Aufmerksamkeit widmet Muhle dem Kirchturm und den Glocken. *„Der (…) Thurm, einer der höchsten hiesiger Gegend, wurde 1617 errichtet, es musste ihm jedoch, da er durch Sinken Einsturz drohete, bald sechs Fuß Höhe abgenommen werden. 1633 wurde ein Spitze auf den Thurm gesetzt.“* Auch spätere Reparaturen beschreibt er mit Jahresangaben, Beispiel: *„1695 bedeutend repariert“*. Zuletzt wurde der Turmhelm dann *„1798 von der Mauer bis zur Spitze mit Schindeln belegt. (…) 1829 hatte der Thurm Gefahr, zu stürzen.“* Genau beschreibt er die Reparaturen und die Kosten dafür, da ist er ja nun Zeitgenosse. Zur Glockengeschichte berichtet er, dass diese mehrmals umgegossen worden seien und was das alles gekostet hat.

Besonders erwähnenswert ist ein außergewöhnlich starker Eingriff in die bestehende Bausubstanz der Kirche. *„Es wurde 1665 eine Priechel gebaut und deshalb der Boden erhöhet, wozu der Hausmann 10 TH., der Köther 24-76 Gr. abtrugen.“* In heutiges Verständnis übersetzt heißt das, dass die Empore (damals Priechel genannt), also die mit Bänken bestückte Galerie an der Nordseite und der spätere Standplatz der Orgel vor dem Turm, nur gebaut werden konnte, weil die riesige Balkendecke samt Dachstuhl und Eindeckung abgebaut, die

41

Außenmauer aufgestockt, und dann das ganze Gebäude wieder zusammengesetzt wurde. Heute könnte man die ganze Decken- und Dachkonstruktion hydraulisch mitsamt dem Ringanker anheben. Damals musste alles ab- und wieder aufgebaut werden, ein riesiger Aufwand. Kein Wunder, dass die Großbauern diese Aktion mit jährlich 10 Talern und die Knechte und Kleinbauern mit 24 bis 76 Groschen im Jahr abzahlen mussten. Das war viel Geld. Später beschreibt Muhle, wie und für welche Gebühren (!) die Sitzverteilung aller Familien der Gemeinde in der gesamten Kirche geregelt wurde. Jede hatte ihre festen bezahlten Plätze, die von niemandem sonst benutzt werden durften.

Bevor ich schließlich Muhles Berichte über die wechselhafte Orgelgeschichte zusammenfasse, will ich noch folgende Episoden dazwischenschieben: *„Im Jahre 1818 beabsichtigte man, einen neuen Altar zu bauen, dessen Anschlag 236 Th.; es wurde aber aufgeschoben, obwohl die Kirche einer inwendigen Reparatur sehr benöthigt ist."* Also verdanken wir die Erhaltung des Münstermannaltars, von dem zu späterer Zeit leider doch einige wesentliche Teile abhanden gekommen sind, der Tatsache, dass niemand in diesen unruhigen Revolutionszeiten ernsthaft bereit war, die veranschlagten 236 Taler zu investieren. So mancher Kunstschatz verdankt seine Erhaltung der Sparsamkeit, die verhindert hat, dass er einem Zeitgeist zum Opfer fiel. Dieses Schicksal traf jedoch die Fenster unserer Kirche. Die waren ursprünglich *„in einen Bogen zwischen grausteinernen Stiegeln angebracht und in Bley gefaßt. Im Jahre 1817 sind sie jedoch leider!! in Englische Rahmen gesetzt und die Bogen* *auswendig verkleidet, wodurch der Kirche ein Theil des ehrwürdigen Gothischen Geschmackes genommen ist. Die Kosten waren 350 Th."* Wohl auch deshalb blieb der Altar im folgenden Jahr erhalten. **1841**: *„Der Kirchthurm wurde angemahlt."* Vermutlich die Tür, die Schindeln und die Holzladen der Glocken-Schallluken.

Über die Orgelgeschichte berichtet Muhle mit liebevoller Sorgfalt. Die erste Orgel anzuschaffen wurde **1683** beschlossen *„und diese von dem Orgelbauer Arp Schnittger zu Hamburg für 170 Th. als ´ein kleines Orgelwerk´ geliefert. Im Jahre **1744** wurde die jetzige Orgel durch den Organisten und Orgelbauer Vater zu Hamburg verfertigt, und kostete 324 Th."* Heute mag es uns ein wenig traurig machen, dass Schwei ursprünglich eine kleine echte Schnitger-Orgel bekommen hatte, die aber wohl den ehrgeizigen Großbauern zu wenig hermachte. Wenigstens war Vater ein ehemaliger Mitarbeiter Schnitgers, der dessen Stil recht authentisch wahrte. Zudem hat die neue ein Peter Schnitger angemalt. Übrigens hat Vater nach eigenen Aufzeichnungen die Schweier zweite Orgel bereits **1734** hergestellt, 1744 war sein Firmensitz auch schon in Hannover. Muhle berichtet dann von vier Orgelreparaturen. Immerhin wird sie **1814** von einem Oldenburger Orgelbauer Schmid folgend beurteilt: *„sie sey noch jetzt in ihrer Art eine der besten dergleichen Werke im Lande."* Schmid hat sie dann nicht nur im Bereich der tief tönenden Holzpfeifen erheblich erweitert, sondern insgesamt ausgebaut und klanglich verfeinert.

Die Pastoren

Mangels aussagekräftiger Quellen - Muhle vermutet, dass Einiges verloren gegangen sei - beschränkt sich seine Berichterstattung über die Pastoren im Kirchspiel Schwei seiner Meinung nach auf Weniges. Umso erstaunlicher ist, wie ihm destotrotz allerlei ausführliche Beschreibungen und Überlegungen gelungen sind. Die haben ihm jedoch tatsächlich nicht genug Stoff für seine übliche Weitschweifigkeit gelassen:

„Es ist wohl gewiß, daß **Walter Renzelmann** *der erste evangelische Pastor zu Schwey war, denn er trat 1528, als die Reformation sich im Beginn befand, den Dienst hieselbst an. Ohne von seiner Herkunft etwas zu wissen, ist es bekannt, daß er vorher an der Lambertikirche in Oldenburg stand, und hier als der erste unter allen dortigen Geistlichen das Evangelium nach Luthers gereinigten Grundsätzen predigte, auch dabey deutsche Gesänge anstimmte. Erbittert über diese Kühnheit belangten ihn der Dechant und die Capitularien St. Lamberti bey der vormaligen Gräfin Anna, einer betagten und eifrig papistischen gebornen Fürstin von Anhalt. Wenn gleich dieselbe den Ketzer aus dem Lande verwiesen oder gar dem Tode überliefert hätte: so traten doch ihre Söhne, die Grafen Anton und Christoph, dem Pastor Renzelmann schützend zur Seite, konnten es jedoch nicht hindern, daß er aus dem Anblicke ihrer Mutter geschafft wurde. Denn er musste als ein Verbannter sich nach dem damals nicht wünschenswerthen Schwey versetzen lassen, und hier zur Pönitenz (= Buße) in irdischer Hinsicht seine Freymüthigkeit gewiß sehr büßen,*

indem seine bisherigen Einkünfte jetzt bedeutend werden geschmälert seyn, wenn ihn nicht die genannten Grafen unterstützten.

Er wird jedoch das Werk der Reformation in seiner zweiten Pfarre desto eifriger betrieben haben, obgleich uns hirvon und von seinen sonstigen Lebensumständen nicht aufbewahrt ist, und wir auch das Jahr seines Todes nicht kennen.(...)

*Wenn nach der Angabe **Johann Hixen** sein unmittelbarer Nachfolger war, und dieser 1588 den Dienst antrat: So müßte Renzelmann hier 60 Jahr gestanden haben. Hamelmann sagt in seiner lateinischen Abhandlung über die Oldenburgische Kirchenreformation, die er 1585 ziemlich herausgegeben hat (...): ´Sie (die Fürstin Anna) setzte diesen Renzelmann der Pfarre zum Zwehe vor, welches im friesischen Stadlande liegt, wo ihm Johann Hixen, sein Schwiegervater (socer) folgte.´ Wir sehen hieraus, dass ein Johann Hixen schon vor 1585 Schweyer Pastor war, also nicht erst 1588 antrat."* (Für mich ist nebenbei hochinteressant, dass Hamelmann den im Spätmittelalter friesisch als Schweye gesprochenen Namen unseres Dorfes „Zwehe" schreibt und fröhlich behauptet, das Kirchdorf läge im „Stadlande". Stadland war jedoch die lange Insel zwischen Weser und Lockfleth von der Ahne bis zur Lockflethbracke südlich Golzwarden. Schwei aber lag westlich des Lockflets auf der großen Halbinsel „Hohes Moor". Hamelmann war wohl nie in unserem Gebiet und verließ sich auf Akten und Hörensagen.)

Ganz in Richtung dessen, was wir heute wissen, vermutet Muhle, Hamelmann sei mit dem *„socer"* ein

Formulierungsfehler unterlaufen. Er hätte „gener", was Schwiegersohn heißt, schreiben müssen. Und 1588 sei dann des ersten Johann Hixen Sohn gleichen Namens dessen Nachfolger geworden. Ich vermute eher, dass Hamelmann das lateinische Wort „socer" nicht im Sinne „Schwiegervater", sondern im neben „pater" auch oft verwendeten Sinne „Vater" aufgeschrieben hat. Wir wissen heute, dass der Vater **Johann Hixen sen.** (gestorben 1612) bereits 1560 Pfarrer in Schwei wurde, 1588 dann sein Sohn **Johann Hixen jun.**, der wiederum 1621 verstarb. *„Sein Nachfolger war **Hicko Hixen**, anfangs dem Vater adjungiert und der erste Pastor bei der jetzigen Kirche"*, deren Erbauung er nämlich während seiner Dienstzeit erlebte. Er verstarb schon recht jung im Todesjahr seines Vaters 1621. Seine Witwe war eine tüchtige Person, die das erste Gasthaus *„im Kichdorfe baute"*. Alle diese Termine des 17. Jahrhunderts konnte Muhle ohne Schwierigkeiten korrekt wiedergeben, denn von Pastor Hicko Hixen berichtet er: *„Er hat den Anfang mit unseren Kirchenbüchern gemacht."*

*„Ihm folgte 1622 **Edo Wolfgang Faselius** (Wolf Fasel), bisher Rector zu Jever, welcher 1641 (...) starb, alt 45 Jahr. (...) Er scheint ein thätiger und beliebter Pastor gewesen zu seyn. Nach seinem Tode wurde **Diedrich (Theodor) Tollmer**, eines hiesigen Hausmanns Sohn, Pastor, (...) er starb 1650 Dec. 16. Sein Nachfolger war (der vermutliche Schwiegersohn des Edo Wolfgang Faselius) M. **Adolf Johann Langermann** (...) nur von 1651-1652 (...), von 1654 bis 1680 (...) der ihm folgende **Anton Günther Faselius**, Sohn des Edo Wolfgang Faselius, ein Thätiger zum Segen der Gemeine erfolgreich wirkender und*

sehr beliebter Pastor. (…) Er starb 1680." Über die insgesamt zwölf Kinder dieses Pfarrers aus zwei Ehen - die erste Frau starb bei der Geburt ihres zehnten Kindes - weiß Muhle eine Menge zu berichten. Beispiele: zwei der Töchter heirateten in Bauernhöfe Fuhrken und Meinen in Norderschwei ein.

*„Der folgende Pastor, **Martin Lantzius**, war aus Zwischenahn gebürtig, (…) zweiter Pastor zu Sengwarden und nachher von 1680 bis 1691 zu Schwey.(…) Pastor Lantzius scheint eine starke Haushaltung, vielleicht eine Lehranstalt, gehabt oder auch eine nicht unbedeutende Landwirtschaft getrieben zu haben."* Dafür sprächen 5 Dienstboten. Bevor er seinen Wunsch erfüllt bekommen konnte, mit dem damaligen Elsflether Pastor zu tauschen und so einer Krankheit wegen seinem Arzt näher zu sein, verstarb er 1691 mit 42 Jahren. Sein Nachfolger **Philipp Denker** stammte aus Stade. Er kam noch im Todesjahr seines Vorgängers Nachdem er dessen Witwe geheiratet und mit ihr zwei Kinder *„erzeugte"*, starb die wohl früh, und er heiratete erneut. *„Dieser scheint ein heftiger fast brutaler Mann gewesen zu seyn."* Einmal musste er einige Zeit in Oldenburg im sogenannten „Priestergehorsam" einsitzen, einer Art kirchlicher Arrestzelle, zur Strafe für unanständiges Reden über die Landesregierung. Und 1709 wurde er dann zur Buße für sein weiteres *„tadelhaftes Leben"* nach Neuenhuntdorf strafversetzt, *„wo er 1731 starb."*

*„Ihm folgte M. **Gerhard Vechtmann**, bisher von 1703 bis 1709 Pastor zu Neuenhuntdorf, mit welchem also Denker tauschen musste. (…) Zu Schwey verwaltete er das Amt von 1710 bis*

1718. wurde dann nach Strückhausen berufen und starb daselbst 1720. Sein Nachfolger war **Gerhard Ibbeken,** *und stand hier von 1718 bis 1730, ein thätiger ordnungsliebender Mann, (...) Der folgende Pastor,* **Conrad Bode,** *ebenfalls ein thätiger Mann, stand hier von 1730 bis 1751. (...) Nach seinem Tode wurde 1751* **Daniel Gottwald Corbach** *(...) nach Schwey berufen, (...) starb aber schon 1754 (...) in einem Alter von 44 Jahren."* Der war in zweiter Ehe mit der Witwe seines Vorgängers Bode verheiratet gewesen.

„Der ihm folgende **Johann Christian Frisius"** wurde 1754 Pastor in Schwei und 1777 in Zwischenahn, *„nach welcher letzteren Pfarre er sich vorzüglich auf Antrieb seiner Ehefrau versetzen ließ, weil ihm seiner Corpulenz wegen der Weg nach der Schweyer Kirche sehr beschwerlich fiel."* An dieser Geschichte des dicken Pfarrherren lernen wir nebenbei, dass inzwischen wohl die Pastorei nicht mehr an oder auf der Kirchwurp stand, sondern für die Pastorenfamilien das Gehöft erbaut worden war, das heute am Pastorenweg westlich der noch jungen Siedlung mit den Vogelstraßennamen längst in Privatbesitz ist. Für diesen Weg reichte seine Puste nicht. Muhle beschreibt, dass dieser gewichtige Herr ein äußerst fleißiger Mann am Schreibtisch gewesen sei. Daher wohl die Statur. Über ihn weiß Muhle ungewöhnlich viel zu erzählen. Schließlich war er der Bruder von Muhles Großvater mütterlicherseits. *„Der auf Frisius folgende Pastor war M.* **Philipp Berlin,** *(...) zu Schwey von 1777 bis 1784. (...) Außer der sorgfältigen Abwartung seines Amtes war er ein <u>beachtlicher Landwirth,</u> der die Pastoreybau durch Abwässerung verbesserte, auch den Fußweg nach der Kirche anlegte. Da er*

einer festen Gesundheit sich erfreute: so war es um desto unerwarteter, daß er, kaum 51 ¼ Jahr alt, 1784 (...) starb. (...) Je kürzer Berlin hiesiger Pastor war, desto länger blieb **Abraham Achgelis**, *der (...) bis 1830 das Schweyer Pastorat verwaltete.*" Dieser war nun Muhles Vor-Vorgänger, über dessen Leben er viel weiß und niederschreibt. Da er ihn persönlich kannte, gönnt er sich ein großartiges Loblied auf seinen *„Vorweser"*: *„Dieser verdienstliche, durch hellen Verstand, gründliche Kenntnisse, dauerhafte Gesundheit, vergnügte Ehe, gute Kinder, zeitliches Vermögen bis ins hohe Alter beglückte Mann, welcher fast ein halbes Jahrhundert (46 Jahre) hindurch im vollen Sinne des Wortes Seelsorger der Schweyer Gemeine war, verwaltete sein Amt sehr ordentlich, und machte es sich zur Pflicht, eine unermüdete Aufsicht über dieselbe zu führen. (...) Er scheute daher nicht das Ansehen der Person, sagte jedem dreist die Wahrheit, hielt ihm seine Gebrechen vor, wo es sein mußte, half dann aber auch, wo er helfen konnte. Er wandelte in der Gemeine wie ein Vater unter seinen Kindern.*"

Die ganzen Einzelbeschreibungen der guten Eigenschaften dieses Pastors, der bis in sein 81. Lebensjahr als aktiver Pfarrer das Kirchspiel betreute, sind beinah ein wenig rührend zu lesen, zumal der alte Herr noch als fast Blinder fleißig seine Arbeit getan haben soll. *„Am kürzesten von allen hiesigen Pastoren (Langermann etwa ausgenommen) war die Laufbahn des* **Johann Diedrich Freye**. *(...) Er starb, plötzlich erkrankt, 1833 (...), nachdem er hieselbst nur 1 1/4 Jahr das Amt verwaltet hatte. Ihm folgte ich,* **Diedrich Konrad Muhle**. *(...) Die Familie Muhle stammt in ihrer späten Herkunft vom*

Schweyer-Außendeich." Obwohl er angibt, über sich selbst könne man nicht viel berichten, verbreitet er sich dann ausführlich über die Geschichte seiner Vorfahren und seiner eigenen Ehen und Nachkommen. Besonders schön und der Wiedergabe wert finde ich folgende Selbstbeschreibung: *„Pastor Muhle genoß von jeher einer festen Gesundheit, obgleich dieselbe häufig durch Kopfschmerzen gestört wird, und jetzt etwas zu wanken scheint – findet sein größtes Vergnügen im häuslichen Kreise, cordialem (= herzlichem) Umgange mit Freunden und in den Wissenschaften – hat eine (vielleicht zu große) Vorliebe für die alten Zeiten und das monarchische System, daher entschiedene Abneigung gegen Landstände und alles, was nur im Geringsten denselben ähnelt, eine unbegrenzte warme Liebe zu seinem Oldenburgischen Vaterlande und dessen angestammten Regentenhause in allen seinen Zweigen – hat manche Widerwärtigkeiten des Lebens geduldig ertragen – war in frühern Jahren sehr aufbrausend, und wird noch bisweilen von diesem Fehler übereilt – unterrichtete die Jugend mit viel Vergnügen in der Schule und privat.“*

Die „Landstände", gegen die Muhle hier seine heftige Abneigung beschreibt, waren im Spätmittelalter und der folgenden Zeit bis nach dem 30jährigen Krieg Vertretungen der einzelnen Bevölkerungsgruppen (Stände), nach Berufen und Wohlhabenheit sortiert. Sie berieten in ihren Versammlungen, die man Landschaften oder Landtage nannte, die Politik der Fürsten und hatten festgelegten Einfluss. Die Reichstage wiederum enthielten neben den Fürsten Vertreter dieser Landtage als stimmberechtigte

„Reichsstände". Nach dem 30jährigen Krieg waren die Befugnisse der Adligen durch ihre Militärmacht erheblich erweitert und die Landstände in ihren Rechten so weit eingeschränkt, dass sie im ganzen ehemaligen Heiligen Römischen Reich Deutscher Nation nach und nach verschwanden. Der Absolutismus hatte sich durchgesetzt. Deshalb war die Bevölkerung zur Gründung der Weimarer Republik in keiner Weise vorbereitet und letztlich unfähig, demokratische Strukturen sinnvoll zu nutzen. - Muhle und die zarten Anfänge der Demokratie, da prallten wohl zwei Welten aufeinander. Das zeigt auch das folgende Kapitel.

Am Ende seiner breiten Selbstbeschreibung zählt er alle seine Veröffentlichungen auf, womit er zeigt, dass er tatsächlich weder den Mund noch die Tinte halten konnte. Wenn er so unglaublich viel gelesen und geschrieben hat, ist es kein Wunder, dass er ab und an Kopfschmerzen hatte. Weder das ständige Sitzen am Schreibtisch, bei damals nur spärlichem Licht, noch das pausenlose Denken schont den Schädel. Das kann man heute genauso erleben, trotz perfekter Schreibtischlampen. Wir haben den Nutzen davon, dass er ungeachtet dieser lästigen Einschränkung die tausendseitige Kirchspielchronik niedergeschrieben hat.

Muhle und die Politik

Im Jahre **1848** hat Muhle Einiges über die internationalen politischen Wirren zu berichten: *„Die politischen Bewegungen, welche im Februar in dem unruhigen Frankreich entstanden, verbreiteten sich über Deutschland, und ergriffen leider auch im März Oldenburg. (…) April 27* (also am 27.4.) *kamen 34 gewählte Männer in Oldenburg zusammen, um sich über den Entwurf einer neuen ständischen Verfassung zu berathschlagen, und hielten bis zum 13ten Mai 14 Sitzungen. August 22* (am 22.8.) *erfolgte die Versammlung der constituierenden Landtages, wählte in 106 Sitzungen bis 1849 Februar (…).“*

Dann setzt sich Muhle mit der *„veränderten Fassung des Großherzogthums Oldenburg“* nicht nur inhaltlich sondern auch entstehungsgeschichtlich kritisch auseinander. *„Die Umwälzung, welche Deutschland und (…) auch unser Vaterland Oldenburg erschütterte, wurzelte ursprünglich in Frankreich, wo dessen leichtfertiges Volk seit 1789 von einer Revolution zur anderen überging, und auch 1848 im Februar seinem Könige gewaltsam den Gehorsam aufkündigte.*

Man hätte nicht denken sollen, daß das Geschrey der von einem Extremen zum anderen hurtig überspringenden Franzosen auch im Herzen der bedächtigen Deutschen widerhallen würde, da diese doch und mit ihnen ein beträglicher Theil von Europa unsäglich viel Elend von jenen mehrere Jahre hindurch hatten erdulden müssen. Aber der Ausbruch war jahrelang durch mehrere Triebfedern vorbereitet, wozu vorzüglich folgendes gehörte. Es hatte sich nämlich eine falsche Bildung eingeschlichen, welche sich von der höhern bis zur niedern Classe des Volkes erstreckte, falsche Begriffe von Freyheit verbreitete, da man sich nicht wolle ´knechten´ lassen. Dazu reichten die vielen nicht gehörig bewachten Leihbibliotheken und Flugschriften, welche häufig sich in sittenverderbenden Grundsätzen aussprachen, und dieselben nicht selten in fein raffinirten Worten darstellten, so wie eine Sündfluth von Zeitungen (...). Ferner wirkten auch manche Schulen dazu, in welchen vorzugsweise Naturwissenschaften gelehrt, die christliche Religion häufig in den Hintergrund gestellt oder deren ein kalter Rationalismus gelehrt wurde."*

Muhle sieht in den demokratischen Bewegungen Unchristliches mit nachteiligem Einfluss auf die Sitten. Die Versammlungen hielten die Leute von der Arbeit ab und verlockten zu *„Lustbarkeiten, woraus Leichtsinn und Arbeitsscheu sich entspinnen"*. Die Vordenker nennt er *„Schwärmer"* mit der Einbildung, *„als wäre die Menschheit mündig geworden"*, die *„von Freiheit und Gleichheit rasend sprechen"*. Andere hält er eher für *„Böswillige, die nach Herrschaft streben."* Der *„große Haufe"*, den er von diesen *„verlockt"* sieht, *„besteht aus Geschäftslosen, Feiglingen, Schmarotzern, Abentheurern, Wankelhaften, Unglücklichen. Auch können leicht junge Leute von lebhafter Erregsamkeit verführt werden."* Für Muhle unfassbar, da verlangten diese Kräfte doch tatsächlich *„ein deutsches Parlament, Preßfreyheit, Schwurgerichte, Volksbewaffnung, Vereinigungsrecht, Gleichstellung Religionsgesellschaften, Ausgleichung zwischen Capital und Arbeit, Gesetzgebung und*

Verwaltung durch das Volk, allgemeines Wahlrecht, Erziehung der Kinder auf öffentlichen Kosten."

Nun berichtet er von der tatsächlich gelungenen Nationalversammlung im März 1848, wo *„durch Wahl erlesene Männer"* zusammenkamen, die sich ihrer unterschiedlichen Ansichten nach *„in verschiedenen Genossenschaften sonderten, nämlich in drey: die Rechten, welche gemäßigte Grundsätze hatten, die Linken als ungemäßigte schreyende Demokraten, und die im Centrum, welche das Mittel zwischen den beiden ersteren hielten."* Dann regt er sich richtig auf: *„Sie wählten zu ihren Sitzungen die Paulskirche zu Frankfurt am Main, welche doch als ein Gotteshaus nicht zu weltlichen Angelegenheiten bestimmt war (...) und da sie doch statt derselben ein anderes Locale z.B. den dasigen Römer zu ihrem Zwecke hätten finden können",* und verweist auf das Markusevangelium Kapitel 11 Vers 17, wo es heißt: „Mein Haus soll heißen ein Bethaus allen Völkern. Ihr aber habt eine Räuberhöhle daraus gemacht." Dabei unterschlägt er munter, dass Jesus hier die Geschäftemacherei im Tempel anprangert. Auch kann er nicht beurteilen, dass der Frankfurter Römer die Menge der Abgeordneten gar nicht hätte fassen können.

Er berichtet, dass in der genannten „Räuberhöhle" eine deutsche Verfassung beschlossen worden war. *„Man sieht aus demselben, wie die vernünftigen wohldenkenden Mitglieder des (...) Parlamentes durch die Schreyer überflügelt waren, indem nach Mehrheit der Stimmen in diesen sogenannten Rechten Gleichgültigkeit gegen Religion,* *gewaltsame Eingriffe in die Rechte und Gerechtsame der Fürsten, Corporationen und einzelner Personen sich offenbarten, und Zügellosigkeit in Schriften und Theater befördert wurden."* Dass dann mehrere kleine Volksaufstände diese Parlamentsarbeit störten und noch vor dem Jahresende deren Auflösung verursachten, war ihm aber nicht genug, denn die neuen Grundsätze blieben, wenn auch gemildert durch die Fürsten, vorwiegend in Kraft. Er findet die veränderte *„Staatseinrichtung (...) beynahe rätselhaft. Wir hatten uns doch Jahrhunderte hindurch sehr wohlwollender angestammter Fürsten zu erfreuen gehabt, dieser Nachkommen edler hochherziger Grafen, welche eine patriarchalische landesväterliche Regierung führten. Es waren daher die inneren Verhältnisse wohlgeordnet".* Schließlich schildert er noch einige *„Schriften und Flugblätter, welche unverschämt genug dem* **biblischen Christenthum** *und der* **bisherigen Staatsverfassung** *Hohn sprechen".* Diese Beiden gehörten für ihn absolut und unverrückbar zueinander.

Sonstiges aus Muhles Zeit

Nachdem Muhle sieben Jahre lang seine geschichtliche Gesamtschau aufgeschrieben hatte, hat er ab 1840 schließlich Jahr für Jahr noch alles notiert, was ihm im jeweiligen Kalenderjahr wichtig erschien. Dabei sind wiederum unglaublich viele Einzelheiten, die meisten für uns heute kaum bedeutsam. Einige wichtige habe ich zuvor bereits zu den Themen sortiert, das vorige Kapitel ist ein gutes Beispiel. Hier sammle ich nun zum Abschluss noch einige besondere Anmerkungen aus seinen sehr ausführlichen - Tagebüchern vergleichbaren - Jahresberichten, in denen er den gesamten Ablauf des Wetters in „Witterungstabellen" und genauen Beschreibungen, allerlei Besonderheiten der Ernten, der sozialen Verhältnisse und der Weltgeschichte - alles aus der Zeit von **1840 bis 1855** - der Nachwelt übermittelt:

Im lange sehr kalten Winter 1840 auf 1841 hatte die Tide im Jadebusen einen regelrechten Eisdamm aufgeschaufelt, der den Abfluss des Süßwassers aus dem Süden so sehr aufstaute, dass sogar in Stuhr Eisschollen führendes Hochwasser entstand. In Oldenburg gab es den gleichen Druck aus der Hunte, welcher „*die erst vor Kurzem angelegte schöne Cäcilienbrücke beinahe zerschellte.*" 1842 ergab sehr wechselhaftes Wetter eine fabelhafte Ernte. In den beiden Folgejahren das krasse Gegenteil. Im Januar 1843 ereigneten sich schaurige Unwetter, hier wie auch anderenorts bis in Süddeutschland. Im Juni 1844 gab es mehrere Frostnächte.

Schon 1840 stellt Muhle erfreut fest: „*Unsere besser eingerichteten weitspurigen Wagen benehmen uns den*

Schreck des Umwerfens, so wie die, vorzüglich im letzten Jahre (...) sehr verbesserten Wege den Reisenden desto sicherer, angenehmer und schneller das Ziel erreichen lassen, wenngleich hier auf keiner Eisenbahn ein dampfender Wagen rennt, und dem Beobachter die Landschaft schnell entzieht. Für den Wanderer sind die Fußpfäde verbessert und erhöhet".

Ganz bemerkenswert ist Folgendes: *„Nach einer Berechnung waren vom Jahre 1843 bis 1850 aus dem Oldenburgischen jährlich 700-1000 Personen ausgewandert, sehr bedeutend bey einer Bevölkerung von nicht ¼ Million. Es muß dieses bey unsern durchaus nicht ungünstigen socialen Verhältnissen die größte Aufmerksamkeit der Gesetzgebung und Verwaltung erregen, da doch in unserm Vaterlande noch Gegenden genug giebt, welche zum Anbau eine günstige Lage versprechen. Indessen lassen sich manche durch verschrobene Grundsätze, Mangel an Arbeitslust und Schlauköpfe nach America locken."*

Recht traurig macht Muhle: *„Unser sonst so löbliches Armenwesen leidet noch stets an manchen Gebrechen. Es giebt noch Faule, welche diese milde Anstalt mißbrauchen, es giebt noch Kinder, welche, obgleich sie Ältern, welche alt, kümmerlich und gebrechlich geworden sind, ernähren könnten, doch zu ihrer Schande dieselben lieber der öffentlichen Verpflegung überlassen."* Seine Vorschläge zur Abhilfe sind reichlich drastische Maßnahmen.

Doch fasst er sein Leben in Schwei letztlich sehr erfreut zusammen: *„Was über den Zustand der hiesigen Gemeine in den letzten Jahren sowohl in politischer als moralischer Hinsicht zu urtheilen sey und was theils von der Obrigkeit* *angeordnet, theils aus eigenem Antriebe geschehen, fällt im Ganzen zum Vortheile und zur Ehre derselben aus, möchte auch in einigen Fällen bey einzelnen Mitgliedern der Zweck verfehlet seyn."* Eine Verpflichtung für die heutigen Schweier Bürger, diesem Lob weiterhin zu entsprechen!

Muhles Nachfolger wurde sein ihm wegen seines Rheumas schon ein gutes Jahr zuvor zugeordneter Adjunctus **Karl Gottfried Hermann Siewersen**. Dieser berichtet Ende **1856**: *„Am 7. Mai d.J. zog der seitherige Pastor Muhle mit Frau und Tochter nach Oldenburg (...) und ich (...) versah von dieser Zeit an in eigener Verantwortlichkeit (...) das hiesige Amt."*

Von Gerhard Roos sind bisher folgende Bücher erschienen:

- Am Außendeich, Geest-Verlag 2020,
  ISBN 978-3-86685-812-1 (spielt vorwiegend in und um Schwei)

- Erben verpflichtet, Geest-Verlag 2021,
  ISBN 978-3-86685-835-0 (spielt vorwiegend in und um Schwei)

- Gelernt zu leiden ohne zu zerbrechen?, Verlag BoD 2021,
  ISBN 978-3-7534-4379-9 (spielt in Norddeutschland)

- Dorfkristallnacht, 2. Auflage, Verlag BoD 2021,
  ISBN 978-3-7557-3720-9 (spielt im Taunus)

- Pommerland ist abgebrannt, Verlag BoD 2022,
  ISBN 978-3-7557-0732-5 (spielt in Norddeutschland)

- Milch und Honig, Verlag BoD 2022,
  ISBN 978-3-7543-8497-8 (spielt in Oberhessen)

- Unbillig, Verlag BoD 2022,
  ISBN 978-3-7562-3744-9 (spielt in verschiedenen Gegenden)

roos-gerhard-autor.de